L’homme imparfait

Ivo Havermans

L'homme imparfait

Essai

ISBN : 979-10-377-5968-9

Je m'étais pourtant juré de ranger mon papier et mon stylo jusqu'au 31 janvier. Ayant décidé de consacrer tout le mois au nettoyage de toutes les pièces du rez-de-chaussée, j'ai eu beau faire preuve d'entrain et de zèle, il n'en reste pas moins que j'ai dû modérer mes envies stakhanovistes après avoir failli me casser la gueule en heurtant de la tête celle de Monsieur Propre.

Le 6 janvier, j'ai pris la sage décision de reporter au printemps mon rendez-vous avec M.P. qui affirme savoir tout nettoyer. Je dois vous avouer que je n'ai éprouvé la moindre culpabilité en remettant à une date ultérieure l'exécution de mes tâches ménagères. D'ailleurs, je suis devenu si accro à l'écriture que la perspective d'échanger mon stylo contre un balai m'angoisse à tel point que ça ne m'étonnerait pas qu'elle finisse par gangréner mon imaginaire. Je ne m'explique pas mon besoin impérieux et insatiable d'écrire à longueur de journée. Cette envie de noircir du papier s'est manifestée en juillet 2017, quelques semaines après le décès de ma mère. Du jour au lendemain, j'ai été délivré des nombreuses corvées dont ma mère m'avait chargé pendant quatre ans. Dorénavant, je disposerais d'un océan de temps. Comme ma femme avait refait sa vie et que mes enfants avaient quitté D., l'idée ne m’est pas venue à l’esprit de partir en vacances tout seul.

Un jour, sur un coup de tête irréfléchi comme tous les coups de tête, soit dit en passant, je me suis mis à évoquer mes souvenirs de jeunesse sur Facebook. Intitulées « Tranches de vie », mes anecdotes ont amusé beaucoup de lecteurs. Un mercredi après-midi en septembre de la même année, je m’en souviens comme si c’était hier, en consultant mes e-mails, je n’en ai pas cru mes yeux : « Cher monsieur, je tiens à vous faire remarquer que votre jolie plume et votre sens de l’humour ont suscité l’intérêt du directeur d’une maison d’édition que je connais personnellement. Les “Tranches de vie” consacrées à votre service militaire sont d’un comique irrésistible, selon ses dires. Si vous me permettez de me mêler de ce qui ne me regarde pas, je vous conseillerais de les lui faire parvenir à l'adresse… »

Bien que mes « Tranches de vie » n'aient jamais été publiées, je me suis consolé à l'idée qu'on m'avait trouvé un certain talent. Chemin faisant a germé en mon esprit la concrétisation de la démarche consistant en une soumission définitive à l'écriture. Rassurez-vous, vous n'êtes pas le seul à ne rien comprendre à mon galimatias. D'ailleurs, en ce moment même, un groupe d'experts en syntaxe est en train de se pencher sur la logique de la structuration de ma réflexion. Et croyez-moi, c'est pas demain la veille qu'ils sont sortis de l'auberge. Tant pis pour eux.

Après avoir décidé de me lancer à fond dans la narration, j'ai cru que le plus dur était fait. Rien n'était moins vrai. En effet, je me suis rendu compte qu'il ne suffisait pas d'avoir un stylo et du papier pour savoir raconter des histoires. J'ai eu beau mettre sens dessus dessous tous les recoins de la maison où sommeillaient les souvenirs d'événements ayant marqué ma vie, aucun d'entre eux ne m'a paru assez passionnant pour être mis sur papier. Je me suis donc résigné à renoncer à mes ambitions romanesques et à me comporter comme un « observateur » de mon quotidien personnel et de celui de mon entourage. Comme il ne se passe rien dans la vie d'un solitaire casanier de soixante-dix ans avec une pension de deux mille trois cents euros, vous imaginez bien que j'éprouvais beaucoup de mal à poétiser mon quotidien et à le rendre agréable à lire. Pourtant, ce n'était pas ma préoccupation primordiale. Au cas où l'évocation de mon quotidien divertirait le lecteur, c'était toujours ça de pris, je m'en rendais bien compte, mais ce n'est que depuis que je me suis mis à écrire que j'ai le sentiment d'exister. L'écriture m'a permis de voyager dans ma tête, d'apaiser le chagrin causé par l'éloignement de mes enfants, de relativiser l'inquiétude exagérée manifestée par ma fille et mon fils quand Maxime ou Charles toussaient trop souvent à leur goût. Vous me croirez si vous voulez, mais je n'ai jamais autant travaillé dans ma vie qu'au cours de ces quatre dernières années. J'irais même jusqu'à dire que j'ai commencé à travailler à l'âge de la retraite. Ma récréation s'est terminée au moment où a pris fin ma carrière d'enseignant, en 2015.

Depuis un peu plus de quatre ans, je passe huit heures par jour à écrire. Aussi paradoxal que cela puisse paraître, plus j'avance en âge, plus je m'améliore en français. « C'est en forgeant qu'on devient forgeron », comme dirait l'autre. Il paraît qu'une marche à pied quotidienne de deux heures favorise une maîtrise encore plus rapide et plus approfondie du français. Malheureusement, par les temps qui courent, seuls les hommes qui promènent leur chien n'éveillent pas de suspicions. Et encore faudrait-il que les gens du quartier soient assez indulgents pour autoriser le passage à un « sans-chien » qui raconte, Dieu sait, quelles cochoncetés dans ses bouquins. Par ailleurs, l'écriture a un effet grisant et relaxant sur mon organisme, identique à celui que je ressens en roulant à fond de sixième sur une autoroute allemande, bien calé dans le siège baquet de ma THP210CV. J'ai l'impression alors de devenir ivre en écrivant, mais il ne s'agit pas d'une ivresse spirituelle.

Tous les jours, entre chien et loup, je suis en proie à un passage à vide. Vers 18 h 30, mes batteries sont rechargées à fond. Je me réinstalle devant le clavier et si le fonctionnement de mes articulations dorsales est satisfaisant, je reprends mon travail jusqu'à 22 heures.

Ma décision de m'isoler et de renoncer à « une vie sociale » a déplu à beaucoup de gens. On m'a surnommé « L'ermite », « Le sauvage », « Fantomas », « Le misanthrope », « Le marginal » et j'en passe. Bien entendu, je me foutais du qu'en-dira-t-on. En plus, au cas où j'aurais continué de mener « une vie sociale », les tournées générales quotidiennes auraient tellement embrumé mon esprit que toute tentative d'activation de mon imaginaire aurait été vouée à l'échec. Autrement dit, j'aurais été trop ivre pour écrire. D'ailleurs, ceux qui prétendent que la consommation d'alcool ou d'autres drogues augmente le pouvoir créatif ont tout faux. Si Jimi Hendrix, pour ne citer que lui, a été et restera le plus grand guitariste de tous les temps, ce n'est pas parce qu'il était accro au LSD, c'est tout simplement parce qu'il « s'entraînait » huit heures par jour à la guitare.

Revenons à nos moutons. J'ai longtemps redouté que mes « chroniques » consacrées aux faits marquants de mon quotidien soient jugées insuffisamment détaillées et pas assez développées pour être publiées. J'étais convaincu que mon éditeur ne verrait aucun intérêt à publier des textes de moins de cent pages. Pourtant, j'ai choisi délibérément de limiter le nombre de pages de chacune de mes chroniques. J'avais appris, en effet, que mes textes succincts étaient surtout appréciés par un lectorat majoritairement masculin. Ce n'est un secret pour personne que les hommes ont du mal à se motiver à lire, surtout quand il s'agit d'œuvres littéraires et qu'elles comptent plusieurs centaines de pages. Par contre, si le livre qu'ils ont sous les yeux n'est pas plus épais que le manuel d'instruction de leur DS4 et si, en plus, ils peuvent le mettre dans la poche de leur veste, pourquoi ne profiteraient-ils pas des trois heures d'embouteillages quotidiennes pour y jeter un coup d'œil et faire le point sur leur connaissance du français, par la même occasion, et pendant qu'on y est ?

Le jour où mon éditeur m'a appris que mes textes seraient publiés, j'ai compris qu'il m'avait compris. Quoique les deux tiers de mes manuscrits aient été déchiquetés par les broyeuses de papier, vous imaginez bien que ça ne m'a fait ni chaud ni froid. Vous me croirez si vous voulez, mais en ce moment, quinze mois après la publication de mon premier « essai », j'ignore toujours si mes livres se vendent et, ce qui plus est, je ne tiens pas à le savoir. Bien entendu, si j'apprenais que mes lecteurs potentiels seraient passés de vie à trépas, il n'est pas à exclure que j'écrase une larme, fût-ce celle d'un crocodile. Le jour où j'ai réalisé que les gens heureux pouvaient tout de même avoir une histoire, bien qu'on se soit évertué à me convaincre du contraire, ce jour-là, dans mes écrits, la réalité a pris le pas sur la fiction. J'en conviens, c'est une réalité embellie par mon imagination. Croyez-moi, il en faut, de l'imagination, par les temps qui courent. D'ailleurs, si je n'avais pas renoncé à la « vie sociale », j'aurais été incapable d'aiguiser mon imaginaire. Dans notre culture, le bistrot est le lieu de prédilection de la convivialité et la consommation d'alcool la stimule. En revanche, l'alcool inhibe l'imagination. J'irais même jusqu'à dire que si on se soûle, c'est pour se consoler du manque d'imagination.

Bien entendu, cette affirmation n'engage que moi. Il se peut que je me sois trompé sur toute la ligne et qu'il n'y ait aucun lien de cause à effet entre consommation d'alcool et perte d'imagination. En ce qui me concerne, le tabac est la seule drogue qui ne constitue pas d'entrave à mon imaginaire. Et qu'adviendrait-il le jour où, pour une raison quelconque, votre source d'imagination se tarisse pour de bon ? Vous n'êtes pas le seul à me poser la question. Au risque de vous décevoir, sachez que je ne me fatiguerai pas à me la poser moi-même pour la bonne et simple raison que cette source ne se tarira jamais. « Le monde de l'imagination est sans frontières. » (Rousseau) Je partage son avis.

Et celui de Léautaud aussi : « il n'est de plaisir qu'en imagination. » Peut-être que je me reconnais le plus dans la définition du Marquis de Sade : « Tout le bonheur des hommes est dans l'imagination. »

Tant que j'éprouverai du plaisir à écrire, tant que la compagnie des autres ne me sera pas indispensable, tant que le silence favorisera la lyrisation de mes propos, il faudra une décennie de sécheresse pour tarir ma source d'imagination. Scribo, ergo sum ! Opinor, ergo scribo !

Mon imagination n'est-elle pas trop débridée ? Mon sens de l'humour est-il apprécié ? Je n'en sais rien. Parmi les huit manuscrits qui ont été publiés, il paraît qu'il n'y en a qu'un seul qui ait intéressé plus de cent lecteurs. Et pourtant, je « travaille » mes textes avec de plus en plus de rigueur et de sévérité et en faisant preuve d'intransigeance envers moi-même. Il m'arrive de passer toute une après-midi à chercher la locution, la tournure la plus appropriée à expliciter mes pensées. Ne croyez pas que cette démarche entraîne une fatigue mentale. Au contraire, elle stimule mon esprit et me motive à faire preuve d'une plus grande exigence envers moi-même. D'ailleurs, si on est obsédé par la recherche de la perfection, comme moi, il faut être exigeant. On dit souvent que les perfectionnistes sont d'éternels insatisfaits. Madame de Staël l'a très bien formulé : « La destination de l'homme sur terre n'est pas le bonheur, mais le perfectionnisme. » Si Dali affirme qu'on n'atteindra jamais la perfection ou si Hugo (?) prétend que la perfection n'est pas humaine, faut-il les prendre au sérieux ? Bien sûr que non puisqu'ils ont passé toute leur vie à rechercher la perfection.

En ce qui me concerne, les gens satisfaits sont beaucoup plus à plaindre que les perfectionnistes. Supposons que vous croisiez un homme qui vous signale qu'il est satisfait de lui-même, de son travail, etc., etc., et qui vous reproche d'être trop exigeant. À quoi bon faire un brin de causette avec un tel énergumène ? Personnellement, je m'empresserais de le féliciter de son contentement de soi et je tirerais ma révérence aussitôt après.

En m'éloignant, je me dirais : « Si jeune et déjà si imbu de sa personne. Le pauvre homme ne se rend pas compte qu'il est un mort en suspens. Est-ce que la vie a encore un sens pour quelqu'un qui ne pense plus à s'améliorer ? J'aurais tout de même pu attirer son attention sur la mise en garde de Dali : "Il y a des jours où je pense que je vais mourir d'une overdose d'autosatisfaction." De toute façon, ça aurait été peine perdue, puisqu'il a une confiance en soi inébranlable. »

Si je n'avais pas été un éternel insatisfait, je serais mort à l'heure actuelle. À l'instar des plantes comme le "goku kola" ou le "curcuma", l'autoamélioration fait partie des meilleurs remèdes à la vieillesse. L'autosatisfaction, en revanche, accélère le processus de vieillissement et ce n'est un secret pour personne que la maladie d'Alzheimer touche en premier lieu les gens autosatisfaits. Il va sans dire que pour s'améliorer et se perfectionner, il faut faire preuve de beaucoup d'abnégation. On doit renoncer aux plaisirs de la chère et de la chair, entre autres. Il suffit d'un sourire appuyé d'une belle nana pour que cette abnégation parte en couille. Si cet avis n'engage que moi, sachez que je m'en branle de connaître le vôtre.

Par ailleurs, je constate que cette obsession de la perfection s'intensifie en vieillissant, dans mon cas, cela s'entend. Je crois savoir pourquoi. Seulement, cher public, je me demande si, vous aussi, vous tenez à en avoir le cœur net sur l'intensification de mon obsession. Si vous vous en foutez, de ma psychose, sachez que je ne vous en tiendrai pas rigueur. D'ailleurs, vous me connaissez assez ; je ne fais pas l'intéressant, moi, je ne me vante pas d'avoir été testé positif au Covid.

Revenons à nos moutons. Pourquoi la recherche de la perfection hantait-elle mon esprit jour et nuit ? Comme je ne m'expliquais pas moi-même ce phénomène, je me suis adressé à la rubrique « Courrier du Cœur » de « Femme Actuelle ». Voici la réponse que le psychiatre Roger Petitqueux m'a envoyée :

« Cher monsieur,

Mes confrères Belleverge, Bittepierre, Lanusse et moi-même avons diagnostiqué un lien de cause à effet entre votre obsession de la perfection et une angoisse latente d'une séparation imminente de l'esprit et du corps. »

C'est bien connu que les psychiatres recourent volontiers à un langage ésotérique pour dissimuler leur maboulisme. J'ai déduit de leur diagnostic que ma psychose constituait en réalité un exutoire à la peur viscérale de la mort. Il suffisait de le dire. Néanmoins, je me dois de vous informer sur ma visite, le mois dernier, à « La Mort

Subite », magasin de cercueils. Je m'y suis longuement entretenu avec un vendeur qui s'y connaissait, en expériences mortuaires et en rituels funéraires. Je l'ai mitraillé de questions ; en voici quelques-unes :

1. Le cercueil résiste-t-il à des séismes de magnitude 9 à l'échelle de Richter ?

2. Le cercueil peut-il remonter à la surface suite à des inondations ?

3. Est-il waterproof ?

4. Le trépassé peut-il perdre son horizontalité quand les rafales de vent dépassent 15 beaufort ?

5. Dispose-t-il d'un espace fumeurs ?

6. Quel est le prix d'un cercueil climatisé ?

7. Est-il financièrement plus intéressant de mourir en été ?

8. Est-ce que je peux emporter mes secrets dans mon cercueil ?

9. Est-ce qu'il y a assez d'espace entre mon cercueil et celui de mon voisin pour garer ma voiture ?

10. Faut-il payer un supplément pour faire installer un panneau de signalisation qui indique qu'il est interdit aux chiens de faire caca sur mon cercueil ?

11. Est-ce qu'on a accès à Internet dans un cercueil ?

Comme elles étaient trop évasives, les réponses du vendeur m'ont laissé sur ma faim.

« Monsieur est un perfectionniste ! »

« Ça vous gêne ? »

« Non, mais je trouve que vous exagérez. Les trépassés ne peuvent plus s'améliorer ! »

« Si vous le prenez sur ce ton, je me vois obligé de reporter à une date ultérieure le jour de mon enterrement et je mourrai sans être enterré ! Vous l'aurez voulu ! »

Je suis sorti en claquant la porte et je me suis juré de ne plus jamais remettre les pieds dans un magasin de cercueils. Je parie que vous aussi, vous auriez été choqué d'entendre que les trépassés ne peuvent plus s'améliorer. Il n'y a que les idiots autosatisfaits qui ne se gênent pas pour débiter de telles conneries, n'est-ce pas votre avis aussi ? Comme j'étais plongé en pleine cogitation, je n'avais pas remarqué qu'une femme m'emboîtait le pas. Arrivée à ma hauteur, elle m'a d'abord longuement fixé du regard. Puis, d'un air soucieux, elle m'a demandé : « Vous avez l'intention de vous suicider ? »

« Euh, où voulez-vous en venir ? »

« Je vous ai vu sortir du magasin de cercueils ! »

« Je comprends maintenant ! Rassurez-vous ! Je suis trop perfectionniste pour mettre fin à mes jours. »

« Et en quoi vous perfectionnez-vous ? »

« J'essaie de faire des progrès en écriture. »

« Si je vous ai bien compris, les suicidaires ne seraient pas des perfectionnistes. »

« J'essaierai d'être un peu plus explicite. Les suicidaires souffrent d'autosatisfaction. »

« Il me semble que l'explicité ne soit pas votre principal point fort ! »

« Vous ne m'avez pas compris ? »

« Vous savez, les femmes, c'est le concret qui les intéresse ! C'est parce qu'elles lisent trop les livres de cuisine. »

« Supposons que je sois suicidaire. Ça impliquerait une autosatisfaction considérable. Vous me suivez ? Ça impliquerait, par voie de conséquence, un désintérêt total de l'autoamélioration ou, si vous voulez, une aversion à l'égard de la perfection. »

« Ça ne vous dirait pas de vous y mettre à deux pour rechercher la perfection. On l'atteindrait plus vite, non ? Et ça ne vous intéresserait pas, pendant qu'on y est, de m'initier à la pratique de l'autoamélioration ? »

« C'est, en effet, une suggestion envisageable, mais elle requiert une réflexion préalable. Écoutez : on en reparlera ce soir au “Brisecul”. Nous sommes entrés ensemble dans la brasserie. Elle était vêtue d'une superbe robe moulante à fermeture éclair devant.

Au bout d'une demi-heure et de deux whiskys, nos langues se sont déliées.

« Chère amie, après mûre réflexion, j'en suis venu à la conclusion que je suis trop imparfait moi-même pour vous aider à vous améliorer. »

Quand elle a baissé sa fermeture éclair pour mettre en valeur ses rondeurs, j'ai compris qu'on n'était pas sur la même longueur d'onde.

« De grâce, madame, couvrez ces seins que je ne saurais voir ! Ils feraient venir des pensées incompatibles avec la recherche de la perfection ! »

« Excusez-moi ! Depuis que mon partenaire m'a quittée et s'est installé chez la voisine, je suis hantée par l'angoisse d'une inactivité sexuelle définitive. »

« Vous avez tout faux ! C'est précisément cette inactivité qui favorisera votre recherche de la perfection ! »

« Vous croyez ? »

« Non, j'en suis sûr ! C'est dans l'abnégation que résident les racines de la perfection ! En renonçant aux plaisirs de la chair qui, soit dit en passant, sont éphémères, vous vous découvrirez des besoins spirituels autrement plus fondamentaux. »

« Vous, vous les avez satisfaits, ces besoins ? »

« À votre avis ? Serais-je en ce moment occupé à vous convaincre de faire preuve d'abnégation si je les avais assouvis moi-même, ces besoins ? Ce n'est pas parce que je n'atteindrai jamais la perfection moi-même qu'il en sera de même pour vous et pour d'autres aussi. »

« Comment pouvez-vous être si sûr de rester éternellement imparfait ? »

« Parce que ça fait maintenant cinq cent quarante-cinq jours qu'on ne cesse de me le répéter ! »

« Je dois vous avouer que je n'ai jamais rencontré un homme aussi paradoxal que vous ! »

« Qu'entendez-vous par « paradoxal » ? »

« Le terme « contradictoire » aurait été plus approprié. »

« Continuez ! »

« Vous vous évertuez à convaincre les autres que la perfection est à la portée de tout un chacun, mais vous vous efforcez en même temps de convaincre les autres qu'elle vous est inaccessible ! »

« Et alors ? »

« Alors ? Eh bien, vous prenez le contre-pied de votre propre énoncé. »

« En effet, je n'y avais pas pensé, mais croyez-vous que les réflexions d'un homme imparfait empêchent de dormir ? »

« Euh, sans doute pas. »

« C'est aussi mon avis ! »

« Puis-je vous poser une question indiscrète ? »

« Vous en avez posé d'autres ? »

Elle a rougi.

« Excusez-moi ! Je blaguais. Allez-y ! Je vous écoute. »

« Est-ce que la perspective de rester imparfait à jamais ne vous rend-elle pas malheureux ? »

« C'est-à-dire ? »

« Eh bien, triste, douloureux, chagriné, quoi ! »

« C'est à l'imperfection de mon écriture et à l'insuccès de mes livres que vous faites allusion ? »

« Euh, oui ! »

« Eh bien, je ne vous cache pas que je ne m'étais pas attendu à un tel échec, c'est vrai, mais ça ne m'a pas rendu malheureux, loin de là. La célébrité et la richesse, bref, l'aisance matérielle, entrave la créativité. Si Rimbaud ou n'importe quel autre génie n'avaient pas été dans la dèche pendant leur jeunesse, ils n'auraient jamais créé de chefs-d'œuvre, croyez-moi. »

« Comment vous expliquez-vous alors votre incapacité d'atteindre la perfection ? »

« Comme l'a dit Satie : "je suis né trop jeune dans un monde trop vieux". Alfred de Musset l'a formulé autrement : "Je suis venu trop tard dans un monde trop vieux". Autrement dit, mon timing a été mauvais ! Les thèmes que j'ai abordés dans la plupart de mes textes n'intéressent pas les gens qui se prennent au sérieux, c'est-à-dire, des gens qui ont toutes les bonnes raisons de croire qu'ils n'ont pas tort. Comme l'a dit si justement Céline : "Sachez avoir tort – le monde est rempli de gens qui ont raison – c'est pour cela qu'il écœure." Vous savez, j'ai toujours évité la compagnie des gens qui estiment avoir raison de se prendre au sérieux. Mes crises de rire se seraient trop souvent soldées par des fractures du nez ou par des pertes de dents. »

Elle m'a regardé d'un air admiratif.

« Décidément, on ne s'ennuie pas avec vous. Je pourrais vous écouter parler pendant des heures. Il est minuit passé et comme dirait Bashung, "j'ai dans les bottes des montagnes de questions qui subsistent encore." Je suis impatiente de vous revoir, vous savez ? Vos propos me rassénèrent et me font oublier mon échec conjugal. »

« Il est de mon devoir de vous aider à transformer votre échec en réussite et pour mener à bonne fin cette opération, il est impératif qu'on se concerte tous les jours sur la stratégie à adopter. »

Visiblement, ma réponse l'a tellement émue qu'elle n'a pas pu réprimer ses larmes.

« Vous parlez sérieusement ? Vous tenez à me voir tous les jours ? »

Elle m'a regardé amoureusement pendant un long moment.

« Puis-je vous embrasser ? »

« C'est une question rhétorique. »

« C'est-à-dire ? »

« Une question dont on connaît déjà la réponse. En effet, vous savez très bien que moi aussi, j'aimerais vous embrasser. »

Imprimé en Allemagne
Achevé d'imprimer en avril 2022
Dépôt légal : avril 2022

Pour

Le Lys Bleu Éditions
40, rue du Louvre
75001 Paris

LE LYS BLEU
ÉDITIONS